¿Quién fue Jesús?

¿Quién fue Jesús?

Ellen Morgan

ilustraciones de Stephen Marchesi

traducción de Yanitzia Canetti

Penguin Workshop

Para mi madre, mi madrina y mi ahijado—EM

A mis padres, Rose y Ennio, cuyas vidas y sacrificios siguen
inspirando—SM

PENGUIN WORKSHOP
Un sello editorial de Penguin Random House LLC, Nueva York

Publicado por primera vez en los Estados Unidos de América por Penguin Workshop,
un sello editorial de Penguin Random House LLC, Nueva York, 2015

Edición en español publicada por Penguin Workshop,
un sello editorial de Penguin Random House LLC, Nueva York, 2022

Traducción al español de Yanitzia Canetti

PENGUIN es una marca comercial registrada y PENGUIN WORKSHOP es una
marca comercial de Penguin Books Ltd. Who HQ & Diseño es una marca registrada de
Penguin Random House LLC.

Visítanos en línea: penguinrandomhouse.com.

Los datos de Catalogación en Publicación de la Biblioteca del Congreso están disponibles.

Impreso en los Estados Unidos de América

ISBN 9780593522615   10 9 8 7 6 5 4 3 2 1 WOR

Contenido

¿Quién fue Jesús?

¡Es Navidad! Cada 25 de diciembre, en todo el mundo, la gente va a la iglesia. Se reúnen alrededor de los arbolitos de Navidad. Hornean golosinas. Preparan comidas para la familia y los amigos. Cantan canciones y abren regalos.

¿Qué están celebrando todos?

La Navidad es el cumpleaños de Jesús. Nació hace más de dos mil años en la pequeña ciudad de Belén. Era de una familia pobre y cuando creció se convirtió en predicador. Hablaba sobre Dios y

sobre cómo debía vivir la gente. Llegó a ser muy conocido, y sus amigos contaban historias sobre él. Ellos compartían sus enseñanzas con los demás.

LA BIBLIA

LA BIBLIA ES EL LIBRO SAGRADO DE LOS CRISTIANOS. TIENE DOS PARTES: EL ANTIGUO TESTAMENTO Y EL NUEVO TESTAMENTO. EL ANTIGUO TESTAMENTO CUENTA EVENTOS QUE SUCEDIERON ANTES DE QUE NACIERA JESÚS, INCLUIDAS LAS HISTORIAS DE ADÁN Y EVA, EL ARCA DE NOÉ Y MOISÉS. EL NUEVO TESTAMENTO CUENTA HISTORIAS SOBRE JESÚS Y LO QUE SUCEDIÓ DESPUÉS DE SU MUERTE. EL ANTIGUO TESTAMENTO ES SAGRADO EN LA RELIGIÓN JUDÍA, ESPECIALMENTE LOS CINCO PRIMEROS LIBROS. ESTOS CINCO LIBROS SE LLAMAN LA TORAH.

Las ideas de Jesús se convirtieron en un movimiento. El movimiento comenzó solo con unas cuantas personas. Pero creció hasta convertirse en una de las religiones más importantes del mundo: el Cristianismo. El Cristianismo se extendió por todo el mundo. Hoy en día, hay dos mil millones de cristianos. Son de diferentes orígenes, diferentes etnias y diferentes culturas, pero comparten las mismas creencias.

Los cristianos creen en un Dios. Creen en el Cielo y en la vida después de la muerte. También creen que Jesús fue mucho más que un predicador. Creen que era el hijo de Dios.

LOS EVANGELIOS

LA MAYOR PARTE DE LO QUE SABEMOS SOBRE
LA VIDA DE JESÚS PROVIENE DE LOS CUATRO
PRIMEROS LIBROS DEL NUEVO TESTAMENTO.
LOS LIBROS DE MATEO, MARCOS, LUCAS Y JUAN,
SON CONOCIDOS COMO LOS EVANGELIOS. (LA
MAYORÍA DE LOS RELATOS DE ESTE LIBRO SE
BASAN EN LOS EVANGELIOS DE MATEO, MARCOS,
LUCAS Y JUAN). EVANGELIO SIGNIFICA "BUENAS
NOTICIAS". TODOS LOS EVANGELIOS FUERON
ESCRITOS MUCHOS AÑOS DESPUÉS DE LA MUERTE
DE JESÚS. ALGUNAS PERSONAS CREEN QUE
MATEO Y JUAN FUERON DISCÍPULOS DE JESÚS O
SUS SEGUIDORES. OTRAS PERSONAS CREEN QUE
ES DUDOSO QUE ALGUNO DE LOS ESCRITORES
DE LOS EVANGELIOS CONOCIERA A JESÚS O
LO HUBIERA OÍDO HABLAR. LA MAYORÍA DE LOS
ESTUDIOSOS PIENSAN QUE EL LIBRO DE MARCOS
FUE EL PRIMERO, ESCRITO ALREDEDOR DE 70 D. C.
LOS LIBROS DE MATEO Y LUCAS SE BASARON
PROBABLEMENTE EN LO QUE YA ESTABA ESCRITO
EN EL LIBRO DE MARCOS. JUAN FUE EL ÚLTIMO EN
ESCRIBIRSE, ALREDEDOR DEL AÑO 100 D. C.

MATEO

MARCOS

LUCAS

JUAN

Capítulo 1
Un nacimiento humilde

Jesús nació en el seno de una familia judía hace más de dos mil años. Su padre era un carpintero llamado José. Su madre se llamaba María.

Según el Evangelio de Lucas, el ángel Gabriel
se le apareció a María meses antes del nacimiento
de Jesús. "No temas, María", le dijo el ángel,
"porque has recibido el favor de Dios". Le dijo
que iba a dar a luz a un niño especial.

El bebé era el hijo de Dios, no el hijo de su
marido, José. Gabriel también le dijo el nombre
del bebé: Jesús.

EMPERADOR AUGUSTO

José y María vivían en una región gobernada por los romanos y el emperador Augusto. Se llamaba Judea. Justo antes de que naciera Jesús, José y María tuvieron que viajar a la ciudad de Belén. El gobierno quería registrar los nombres de todas las personas que vivían en la zona.

¿DÓNDE NACIÓ JESÚS?

SEGÚN LOS EVANGELIOS, JESÚS NACIÓ EN BELÉN, EN UNA ZONA DEL IMPERIO ROMANO LLAMADA JUDEA. JUDEA SE EXTENDÍA DESDE EL MAR MEDITERRÁNEO HASTA EL RÍO JORDÁN. INCLUÍA LA CIUDAD DE JERUSALÉN. EN LA ÉPOCA DE JESÚS, LA MAYORÍA DE LOS HABITANTES DE JUDEA ERAN JUDÍOS. PARA ELLOS JERUSALÉN ERA LA CIUDAD MÁS SANTA DEL MUNDO. JOSÉ, MARÍA Y JESÚS VIVIERON BREVEMENTE EN EGIPTO ANTES DE VIVIR EN NAZARET.

MAR DE GALILEA

MAR MEDITERRÁNEO

NAZARET

RÍO JORDÁN

JERUSALÉN

BELÉN

JUDEA

(NAZARET ESTABA AL NORTE DE JUDEA, JUNTO AL MAR DE GALILEA). POR ESO A VECES A JESÚS SE LE LLAMA JESÚS DE NAZARET.

En Belén, María dio a luz a su hijo.

La familia se alojó en un establo, porque la posada local no tenía sitio para ellos. En lugar de una cuna, Jesús dormía en un pesebre. Un pesebre es un cajón de madera que contiene comida para los caballos y otros animales.

Fue un comienzo humilde. Sin embargo, enseguida la gente se enteró de este nacimiento y supo que el bebé era especial. Según el Evangelio de Lucas, los pastores que estaban en el campo vieron a un ángel sobre ellos.

"Os traigo una gran noticia que les dará mucha alegría...", dijo el ángel. Les dijo que había nacido un niño que sería el Mesías. *Mesías* es una palabra que designa a una persona especial que salvará a la gente de un gran peligro o daño.

El Evangelio de Mateo cuenta que a lo lejos, en un país del este, tres reyes magos divisaron una estrella brillante en el cielo. Los reyes magos estudiaron el cielo y comprendieron que la estrella era una señal importante.

Esto significaba que el Mesías había nacido.
Así que siguieron la estrella hasta Belén para
ver al niño Jesús.

Cuando los tres reyes magos vieron a María y
al niño Jesús, se arrodillaron. También le llevaron
regalos: oro, incienso y mirra, que eran especias
costosas.

Herodes, el rey de Judea, también oyó hablar
de Jesús. La noticia del nacimiento de Jesús
preocupó a Herodes.

Pidió a los reyes magos que le dijeran dónde
estaba Jesús. Les dijo que él también quería ver
al niño. Pero después de haber visto al niño, los
reyes magos tuvieron un sueño que les advertía
que no regresaran a ver a Herodes, y por esa razón
volvieron a casa.

EL IMPERIO ROMANO

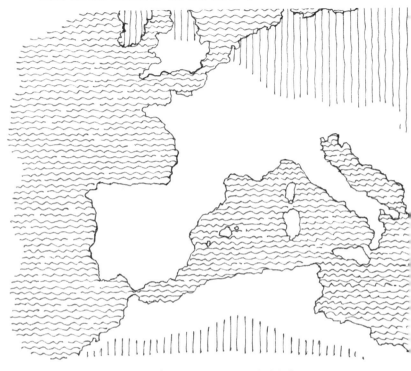

EN LA ÉPOCA DE JESÚS, LOS ROMANOS CONTROLABAN UN ENORME IMPERIO (MOSTRADO EN BLANCO EN EL MAPA). ESTE ABARCABA LAS ACTUALES: ITALIA, ESPAÑA, FRANCIA, PARTES DEL NORTE DE ÁFRICA Y SIRIA. TAMBIÉN INCLUÍA JUDEA, DONDE NACIÓ JESÚS. LOS LÍDERES ROMANOS TRABAJABAN DURO PARA MANTENER UNIDO ESTE VASTO TERRITORIO. CADA ZONA DEL IMPERIO TENÍA SU PROPIO GOBERNADOR.

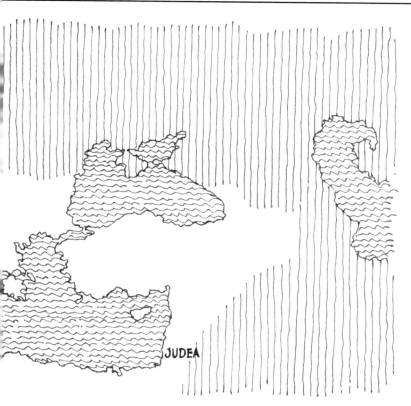

JUDEA

LOS GOBERNADORES RECAUDABAN ALTOS
IMPUESTOS Y UTILIZABAN SOLDADOS PARA
MANTENER EL ORDEN. LES QUITARON LA TIERRA
A LOS TERRATENIENTES. LA GENTE NO TENÍA
MUCHOS DERECHOS CIVILES. LOS ALBOROTADORES
ERAN A MENUDO EJECUTADOS EN PÚBLICO. ESTE
CONTROL BRUTAL ASUSTABA A LA GENTE Y TAMBIÉN
PROVOCABA DISTURBIOS. MUCHOS DE LOS
HABITANTES DE JUDEA ERAN POBRES, INFELICES Y
TENÍAN MUCHOS PROBLEMAS.

José, el marido de María, también tuvo un sueño. Este lo alertó de que Jesús estaba en peligro. Él tomó a María y a su hijo y huyó de noche al territorio de Egipto.

Capítulo 2
Jesús se hace mayor

No se sabe mucho sobre la infancia de Jesús. Es posible que tuviera varios hermanos y hermanas, entre ellos uno llamado Santiago.

Probablemente, Jesús fue a la escuela desde que tenía unos seis años hasta los doce. Todos los niños judíos, ricos o pobres, podían ir a la escuela. Las niñas judías, en cambio, se quedaban en casa.

Lo más probable es que la escuela de Jesús fuera el lugar de culto local. Los judíos llamaban a sus casas de oración "sinagogas". El maestro de Jesús podría haber sido un maestro religioso, un rabino. Jesús debió haber aprendido a leer en hebreo. Es posible que hablara hebreo, así como también otro idioma, el arameo.

La mayor parte de sus estudios deben haber sido sobre la religión judía.

En los Evangelios, solo se cuenta una historia sobre la infancia de Jesús. Él tenía doce años en el momento de la historia. Cada año, la familia de Jesús iba a Jerusalén para la Pascua. La Pascua era una importante fiesta sagrada. Esta rendía homenaje a la huida del pueblo judío de la esclavitud en Egipto cientos de años antes. Todos los judíos iban a Jerusalén durante la Pascua para adorar en el gran Templo Sagrado.

Al final de la Pascua, José y María salieron de la ciudad para volver a su casa en Nazaret. Iban junto a un gran grupo de personas. Después de salir, se dieron cuenta de que su hijo no estaba con ellos. Preocupados, José y María volvieron a Jerusalén. Buscaron al niño por todas partes. Por fin, lo encontraron, tres días después, en el Templo.

Estaba sentado en medio de un grupo
de profesores judíos, escuchando y haciendo
preguntas. Todos los que lo oían se quedaban
asombrados. Para ser un chico tan joven,
entendía muy bien la religión judía.

EL TEMPLO

EL TEMPLO DE JERUSALÉN ESTABA EN EL
SITIO DE UN TEMPLO ANTERIOR QUE HABÍA SIDO
DESTRUIDO. EN LA ÉPOCA DE JESÚS, ERA ENORME,
MÁS GRANDE QUE VEINTE CAMPOS DE FÚTBOL.

LOS LÍDERES JUDÍOS DIRIGÍAN EL TEMPLO
Y RECAUDABAN LOS IMPUESTOS DEL MISMO.
SUPERVISABAN LA VIDA RELIGIOSA DEL PUEBLO
JUDÍO. BAJO LOS ROMANOS, LOS LÍDERES
JUDÍOS TENÍAN POCO PODER. TENÍAN QUE
TRABAJAR CON LOS ROMANOS PARA MANTENER LA
PAZ. EN EL TEMPLO SE GUARDABAN LOS ESCRITOS
SAGRADOS Y LOS DOCUMENTOS LEGALES E
HISTÓRICOS. LA GENTE ACUDÍA ALLÍ PARA ADORAR
A DIOS Y PARA APRENDER Y HABLAR DE RELIGIÓN.
EN EL AÑO 70 D. C. LOS ROMANOS DESTRUYERON
EL TEMPLO. HOY EL MURO OCCIDENTAL ES TODO
LO QUE QUEDA. ES UN LUGAR SAGRADO PARA LOS
JUDÍOS, QUE ACUDEN ALLÍ A REZAR.

Sin embargo, la madre de Jesús, María, estaba molesta. "Tu padre y yo te hemos estado buscando", le dijo.

Jesús preguntó: "¿Por qué me buscabais? ¿No sabíais que debía estar en la casa de mi Padre?". El Templo era la casa de Dios. Así que Jesús estaba diciendo que Dios era su padre.

Pasaron los años y Jesús se convirtió en un hombre. Durante este tiempo, es posible que haya trabajado como carpintero, como José. Cuando tenía alrededor de treinta años, Jesús dejó Nazaret.

Fue a buscar a un hombre llamado Juan. Según el Evangelio de Lucas, Juan era primo de Jesús.

Juan también era un predicador. Cuando la gente acudía a él, los sumergía en el río Jordán y los bendecía. Esta ceremonia se llamaba "bautismo". Era una forma de mostrar que los pecados de una persona eran lavados. Juan llegó a ser conocido como Juan el Bautista.

Jesús encontró a Juan junto al río. Allí Juan lo bautizó. Cuando Jesús salió del agua, Juan vio el espíritu de Dios sobre Él. Oyó una voz que le hablaba. "Este es mi Hijo, el Amado", dijo.

Después, Jesús se fue al desierto durante cuarenta días y cuarenta noches. En muchas culturas, un viaje al desierto era una prueba común para los jóvenes. Viajaban solos a un lugar salvaje o difícil para orar o pensar.

Cuando Jesús dejó el desierto, también estaba listo para comenzar a predicar.

Capítulo 3
Doce hombres fieles

Jesús tenía un mensaje especial que quería compartir a través de su predicación. Bajo el Imperio Romano, muchos judíos sufrían. Jesús les ofreció una visión de una vida diferente. Les dijo que el reino de Dios llegaría pronto. Dios estaba siempre con ellos. Para Él, el reino de Dios era mucho más importante que el imperio de Roma. En el reino de Dios, todos eran iguales: ricos o pobres, fuertes o débiles. Jesús predicaba un mensaje de amor y equidad, de justicia y perdón.

Esta era una idea muy nueva y diferente. La mayoría de los predicadores advertían de la ira y la decepción de Dios en las personas que no obedecían su palabra. Advertían que Dios castigaría a los pecadores. Jesús era diferente. Primero pidió a la gente que se arrepintiera de lo que habían hecho mal. Luego habló del amor, la comprensión y el perdón de Dios.

Mientras recorría el país, la gente empezó a escucharlo. Les gustaba lo que decía. Grandes multitudes acudían a escuchar al joven predicador. Acudían a escuchar sus lecciones, como ovejas a un pastor.

En un momento de su viaje, Jesús caminaba junto al mar de Galilea. Vio a dos hermanos pescando y los llamó. Se llamaban Pedro y Andrés. "Síganme", dijo. Les dijo que, en lugar de echar el sedal para pescar, los haría pescadores de hombres. Con esto, Jesús quería decir que traerían a la gente para que escuchara y creyera en lo que estaba predicando. Pedro y Andrés dejaron sus redes y lo siguieron.

Más tarde, Jesús vio a otros dos hermanos,
Santiago y Juan, en una barca con su padre.
También los llamó. Santiago y Juan se unieron a
Jesús para difundir su mensaje.

LOS DOCE DISCÍPULOS

¿QUIÉNES ERAN LOS DOCE DISCÍPULOS? SUS NOMBRES APARECEN EN TRES DE LOS EVANGELIOS: MATEO, MARCOS Y LUCAS.

PEDRO ES EL QUE MÁS SE MENCIONA EN LOS EVANGELIOS. A MENUDO ERA EL PORTAVOZ DE LOS DOCE DISCÍPULOS.

ANDRÉS, EL HERMANO DE PEDRO, ERA UN SEGUIDOR DE JUAN EL BAUTISTA ANTES DE QUE JESÚS LO LLAMARA.

SANTIAGO EL ANCIANO FUE UNO DE LOS DISCÍPULOS MÁS CERCANOS A JESÚS, JUNTO CON PEDRO Y JUAN.

JUAN ERA EL HERMANO DE SANTIAGO. A VECES SE LE LLAMA "EL DISCÍPULO QUE JESÚS AMABA".

FELIPE PROBABLEMENTE ERA DEL MISMO PUEBLO QUE PEDRO Y ANDRÉS.

BARTOLOMÉ ALGUNOS ESTUDIOSOS CREEN QUE ERA DESCENDIENTE DE LA REALEZA.

MATEO ERA RECAUDADOR DE IMPUESTOS ANTES DE CONVERTIRSE EN DISCÍPULO.

TOMÁS SUELE SER RECORDADO POR DUDAR DE QUE JESÚS HUBIERA RESUCITADO DE ENTRE LOS MUERTOS.

SANTIAGO EL MENOR A VECES SE LLAMA ASÍ PARA DIFERENCIARLO DE SANTIAGO EL HERMANO DE JUAN.

TADEO ERA EL HERMANO DE SANTIAGO EL MENOR.

SIMÓN CONOCIDO COMO SIMÓN EL ZELOTE. LOS ZELOTES FORMABAN PARTE DE UN GRUPO JUDÍO QUE ODIABA EL DOMINIO ROMANO.

JUDAS ISCARIOTE FUE EL QUE LO TRAICIONÓ.

JESÚS TENÍA MUCHOS OTROS SEGUIDORES, PERO ESTOS DOCE ERAN LOS MÁS CERCANOS A ÉL.

ENTRE SUS SEGUIDORAS ESTABAN MARÍA MAGDALENA, MARTA, JUANA Y SUSANA. ALGUNAS PERSONAS CREEN QUE SU MADRE, MARÍA, TAMBIÉN LO SEGUÍA CUANDO PREDICABA.

De este modo, Jesús reunió a un grupo de doce fieles seguidores. Eran sus discípulos. Varias mujeres también siguieron a Jesús. Esto era inusual en aquella época. En aquel entonces, las mujeres no tenían los mismos derechos que los hombres. Bajo la ley romana, sus maridos y padres controlaban todo el dinero y la tierra. En el Templo, a las mujeres no se les permitía entrar en las mismas áreas que a los hombres.

Jesús amaba y aceptaba a todos por igual, hombres o mujeres, ricos o pobres. Sentía que todos tenían un lugar en el reino de Dios.

Capítulo 4
Lecciones e historias

Jesús dio muchos sermones, o lecciones.
Su sermón más famoso fue predicado en una
montaña. Primero dijo que la gente era bendita.
"Bienaventurados los pobres... Bienaventurados
los misericordiosos... Bienaventurados los puros de
corazón porque verán a Dios...".

Estos mensajes ofrecían esperanza, especialmente a la gente que odiaba estar bajo el dominio romano. Al final de este sermón, Jesús resumió la idea más importante. "No hagáis a los demás lo que no queráis que os hagan a vosotros", dijo. Hoy este mensaje es llamado la Regla de Oro.

A Jesús también le gustaba responder a las preguntas de la gente con pequeñas historias. Estas historias se llaman "parábolas".

Las parábolas se adaptaban bien a la gente que venía a escuchar a Jesús. Eran historias sobre granjeros y pastores, sobre hijos, padres y vecinos. Eran historias sobre el mundo real.

La parábola del Sembrador es una historia sencilla. Pero tiene un mensaje importante. En ella, Jesús habla de un agricultor que salió a plantar unas semillas. Algunas de las semillas cayeron en un camino y los pájaros se las comieron. Otras cayeron en un terreno rocoso. Aunque nacieron, murieron porque no había suficiente tierra.

Otras semillas cayeron en tierra fértil y se convirtieron en una gran cosecha.

En esta historia, las semillas representaban las lecciones que Jesús enseñaba. La tierra representaba a la gente que lo escuchaba. Jesús pedía que la gente fuera como la tierra fértil. Quería que escucharan y entendieran para que sus palabras crecieran y se extendieran.

Jesús le decía a menudo a la gente que amara a su prójimo. Durante otro sermón, un abogado le preguntó a Jesús: "¿Quién es mi prójimo?". En lugar de responder directamente, Jesús contó esta historia:

Un hombre de Jerusalén estaba de viaje cuando unos ladrones lo atacaron. Lo golpearon y le robaron sus cosas, y luego lo dejaron a un lado del camino. Varias personas pasaron por allí. Lo vieron herido, pero no lo ayudaron. Entonces, un hombre de una zona llamada Samaria pasaba por el camino. La mayoría de los judíos y los samaritanos eran enemigos. Pero eso no impidió que el samaritano ayudara al hombre. Lo llevó a una posada y le dio dinero al posadero. Le pidió que cuidara del hombre hasta que estuviera mejor. Si el posadero se quedaba sin dinero, el samaritano prometió llevarle más.

Al terminar la historia, Jesús le preguntó al abogado quién era el prójimo. El abogado respondió: "El que mostró misericordia".

Jesús dijo: "Vayan y hagan lo mismo".

Jesús contó muchas parábolas en sus enseñanzas, pero la del Sembrador y la del Buen Samaritano fueron dos de las más conocidas. La gente escuchaba estas historias y entendía lo que decía sobre la forma correcta de vivir.

Capítulo 5
Jesús el sanador

A medida que más gente seguía a Jesús, se extendía la noticia de que podía ayudar a los necesitados. Los enfermos creían que podía curarlos.

Para entonces, Jesús también tenía enemigos. Buscaban la manera de demostrar que era un impostor. Durante el Sabbat, sábado, que es el día sagrado de la semana para los judíos, un hombre se acercó a Jesús. Tenía una mano lisiada y quería ser curado. Todos observaron con atención. Los judíos no debían hacer ningún trabajo el sábado, ni siquiera curar. ¿Ayudaría Jesús al hombre?

Se presentaba un gran dilema. Si Jesús ayudaba al hombre, estaría rompiendo la ley de Dios. Estaría trabajando el sábado. Pero si no ayudaba al hombre,

estaría ignorando a alguien necesitado.

Jesús no lo pensó dos veces. Según el Libro de Marcos, le dijo: "Extiende tu mano". Cuando el hombre lo hizo, su mano se curó.

Las hazañas de Jesús se supieron en todas partes. Mientras predicaba, un hombre llamado Jairo le rogó a Jesús que fuera a su casa. La hija de doce años de Jairo estaba a punto de morir. Jesús no llegó a tiempo. La niña había muerto. En la casa, la gente se lamentaba y lloraba.

Jesús se acercó a la niña. Le tomó su mano
y le dijo: "Niña, levántate". La niña se levantó y
caminó. Todo el mundo estaba asombrado.

Esta historia se cuenta en tres de los Evangelios: Mateo, Marcos y Lucas. Al igual que la curación de la mano del hombre por parte de Jesús, el despertar de la niña muerta fue un milagro. Un milagro es algo que ocurre a pesar de que parece imposible.

En los años que Jesús predicó, sanó a muchas personas, pero se negó a atribuirse el mérito. Decía que la curación venía de Dios. También decía que la fe en Dios de la persona enferma la hacía sanar.

Capítulo 6
Los milagros

Durante los años siguientes, cada vez más personas siguieron a Jesús. A menudo estas personas no eran ricas. No tenían mucho dinero ni un alto rango en la sociedad. Pero creían en Jesús. Creían que podía hacer milagros.

Además de curar a la gente, Jesús hizo otros milagros. Realmente su primer milagro tuvo lugar en una boda, según el Evangelio de Juan.

Jesús y sus discípulos estaban allí. También estaba su madre, María. Durante el banquete de bodas, los anfitriones se quedaron sin vino.

"No tienen vino", le dijo María a su hijo. Luego dijo a los sirvientes: "Haced lo que Él os diga".

Jesús les dijo: "Llenen las tinajas de agua". Los sirvientes llenaron las tinajas hasta el borde.

Jesús les pidió que llevaran las tinajas al encargado del vino. El encargado del vino las probó. ¡El agua se había convertido en vino!

Lo que ocurrió se consideró un milagro, al igual que la curación del hombre con la mano lisiada o el restablecimiento de la vida de la hija de Jairo.

En otra ocasión, Jesús y los discípulos fueron a un lugar desierto a descansar. Mucha gente los vio ir. Sabían quién era Jesús y lo acompañaron.

Jesús decidió predicarles. Pronto cinco mil

personas se habían reunido. Cuando se hizo tarde, los discípulos de Jesús sugirieron que enviaran a la gente a comprar comida. Para sorpresa de ellos, Jesús les dijo que alimentaran a la gente. ¿Pero cómo? Los discípulos no tenían suficientes provisiones ¡para alimentar a cinco mil personas!

Jesús les pidió a sus discípulos que recogieran toda la comida que pudieran encontrar. Pero lo único que trajeron fue cinco panes y dos peces.

Jesús bendijo los panes y los peces y estos se multiplicaron. Luego los partió en trozos. Se los dio a sus discípulos para que los repartieran entre la gente. Sorprendentemente, hubo suficiente comida para alimentar a la multitud hasta que todos quedaron satisfechos. Después, los discípulos recogieron las sobras. Llenaron doce cestas con lo que no se había comido. Este fue otro milagro. Era una señal del poder de Jesús, y de Dios.

Cuando toda la gente se fue, Jesús dijo a sus discípulos que subieran a un bote. Que Él se

reuniría con ellos al otro lado del mar. Según el Evangelio de Mateo, Jesús subió solo a una montaña para orar. Cayó la noche. En el mar, el viento comenzó a soplar con fuerza. Los discípulos tenían problemas para gobernar el bote. Mientras luchaban con las olas, vieron sorprendidos que alguien se acercaba a ellos. ¡Él caminaba sobre el agua!

Al principio, se asustaron. ¿Habían visto un fantasma? Entonces el hombre los llamó: "Ánimo,

no tengan miedo, soy yo". ¡Era Jesús!

Pedro le respondió: "Señor, si eres Tú, ordena que yo vaya hacia ti sobre el agua".

Jesús dijo: "Ven".

Pedro dejó el bote e hizo lo que Jesús le pedía. Comenzó a caminar sobre el agua hacia

Jesús. Pero sintió el viento y las olas y se asustó.
Empezaba a hundirse cuando Jesús lo alcanzó
y lo salvó.

"Tú, hombre de poca fe, ¿por qué dudaste?",
dijo Jesús. Con eso, el viento dejó de soplar y

el mar se calmó. Y volvieron al bote. Lo que Jesús quiso decir fue que Pedro habría seguido caminando sobre el agua si su creencia en Jesús hubiera sido más fuerte.

Lo que ocurrió en el mar se consideró otro milagro. Durante la vida de Jesús, muchas personas lo vieron hacer milagros, pero los milagros eran solo una de las razones por las que la gente lo seguía. El mensaje de amor y el reino de Dios de Jesús también les daba esperanza.

Durante cientos de años, la gente había escuchado historias de que un día un hombre liberaría al pueblo judío de sus enemigos. Esta persona era conocida como el Mesías o "el ungido". La palabra griega para "ungido" es "Christos", o Cristo. Por eso Jesús fue conocido como Jesucristo.

Algunas personas pensaban que el Mesías sería un rey. Otros pensaban que sería un sacerdote. Muchos esperaban un gran guerrero. Ciertamente, Jesús no era un guerrero. Su mensaje era todo lo contrario a la guerra y la violencia. Predicaba sobre la paz. Sin embargo, mucha gente de su época creía que Él podría ser la persona que los liberaría, por fin, de los romanos.

Capítulo 7
Los enemigos

Jesús tenía enemigos. Lo que predicaba no les gustaba a todos. Algunos se sentían amenazados por sus palabras. Decía cosas que algunos no querían oír. Para Jesús, la riqueza y la posición elevada en la sociedad no equivalían a la grandeza. Si eras una mala persona, todo tu éxito no significaba nada. Los

ricos pensaban que a Jesús le gustaban más los pobres. En un momento dado, llegó a decir que era más fácil que un camello pasara por el ojo de una aguja que un rico entrara en el reino de Dios.

Algunos líderes judíos veían a Jesús como una amenaza. Sus seguidores lo llamaban el Mesías y el hijo de Dios. A los líderes judíos, eso les parecía malvado e irrespetuoso con Dios. Dios no tenía un hijo. Jesús rompió muchas leyes judías para defender lo que Él consideraba una ley más importante: amar al prójimo. Él curó a los enfermos durante el Sabbat.

Jesús también era una amenaza para el precario equilibrio que existía entre los romanos y el pueblo judío, que estaba bajo el dominio romano. Jesús decía cosas que no gustaban a los romanos. Decía que el único poder verdadero provenía de Dios. ¿Culparían a los judíos por las palabras de Jesús? ¿Se desquitarían con el pueblo judío?

De hecho, muchos romanos veían a Jesús como una amenaza. Sentían que era un alborotador. Dondequiera que iba, se reunían grandes multitudes. A los romanos les preocupaba que los seguidores de Jesús se rebelaran contra su imperio.

Jesús sabía que la gente conspiraba contra Él. Muchos de sus enemigos estaban en Jerusalén: gente rica, líderes judíos y romanos. Se acercaba la fiesta judía especial de la Pascua. Por lo general, los judíos iban a Jerusalén para la Pascua a adorar en el Templo. Jesús estaba en Galilea en ese momento. Podía haberse quedado allí, donde estaba seguro. En cambio, decidió viajar a Jerusalén para la fiesta.

Antes de iniciar el viaje, Jesús reunió a sus discípulos. Les hizo una advertencia. Él iba a ser traicionado. Iba a ser condenado a muerte. La gente se burlaría de Él, lo golpearía y lo escupiría. Lo colgarían en una cruz y moriría. Al tercer día después de su muerte, resucitaría.

De este modo, Jesús predijo su propia muerte. Sus discípulos, sin embargo, no le creyeron. Lo amaban tanto que no podían imaginar un mundo sin Él.

Capítulo 8
El Domingo de Ramos

Cuando Jesús y los discípulos estaban cerca de Jerusalén, Jesús les pidió a dos de ellos que se adelantaran. Les dijo que encontrarían un burro en un pueblo cercano. "Desátenlo y tráiganlo aquí", les dijo.

Los discípulos entraron en el pueblo e hicieron lo que Jesús les pedía. Un hombre los detuvo. Quería saber por qué desataban el burro.

Jesús les había dicho a los dos discípulos
que esto podría ocurrir. Él les había dado una
respuesta. "El Señor lo necesita", dijeron, y
siguieron su camino.

Los discípulos le llevaron el burro a Jesús.
Pusieron sus mantos sobre él. Entonces Jesús se
montó en el burro.

Cuando entraba en Jerusalén, la gente lo saludaba con alabanzas. Le arrojaban hojas de palmera a su paso. En la cultura griega y romana, las hojas de palmera eran un símbolo de victoria.

En Jerusalén, en lo alto del Monte del Templo, estaba el Templo. Este no era solo un lugar de culto. Era el centro de la vida judía. Mucha gente trabajaba allí. Era un mercado muy concurrido. La gente también venía al Templo para pagar el impuesto del Templo. Solo se usaba un tipo de dinero para pagar este impuesto.

Cuando Jesús llegó al Templo de Jerusalén, lo que vio allí lo enfureció mucho. El Templo debería haber sido un lugar sagrado, un lugar para orar a Dios. En cambio, parecía un lugar de negocio. A los ojos de Jesús, la gente de allí había tomado una casa de oración y la había "convertido en una guarida de ladrones".

Jesús volcó las mesas donde la gente cambiaba dinero romano y extranjero por monedas para pagar el impuesto del Templo. Echó a la gente que vendía cosas.

Jesús era un hombre pacífico. Predicaba un mensaje de amor y tolerancia. Este momento en el Templo es una de las únicas ocasiones en el Nuevo Testamento en el que Él pierde los estribos.

Capítulo 9
La última cena de Jesús

La Pascua llegó unos días después de que Jesús perdiera los estribos en el Templo, y quiso pasar la primera noche con sus discípulos. Los reunió a los doce en una gran sala de una casa de Jerusalén. Se sentaron para celebrar juntos el *seder*, la cena de la Pascua. Esta sería la última cena de Jesús. Según

el Evangelio de Marcos, mientras comían, Jesús les dijo: "Os aseguro que uno de vosotros me va a traicionar".

Los discípulos se quedaron sorprendidos. ¿Quién traicionaría a Jesús? Cada uno dijo: "Seguramente, no seré yo".

Jesús insistió en que: "Es uno de los doce". No dijo quién. No parecía enfadado. Bendijo el pan y el vino, y el *seder* continuó.

Al final del *seder*, dijo: "No volveré a beber del fruto de la vid (se refería al vino) hasta el día en que lo beba de nuevo en el reino de Dios". Sabía que sus enemigos se estaban reuniendo. Sabía que moriría pronto.

Después, Jesús y los discípulos salieron de la habitación y se dirigieron al Monte de los Olivos. Allí Jesús les hizo otra advertencia. Les dijo que lo abandonarían en los próximos días.

Pedro protestó: ¡él nunca abandonaría a Jesús! Jesús insistió en que a la mañana siguiente, antes de que cantara el gallo, Pedro negaría tres veces que lo conocía.

Jesús llevó a sus discípulos a una huerta. Quería orar solo, pero sabía que la muerte llegaría pronto, así que quería que sus amigos estuvieran cerca. Llevó a tres de ellos: Pedro, Santiago y Juan, cerca del lugar donde pensaba orar.

Según el Evangelio de Marcos, les dijo a estos tres discípulos: "Quedaos aquí y manteneos despiertos". Pero mientras Jesús oraba, los discípulos se durmieron. "¿No habéis podido estar despiertos una hora?", preguntó Jesús. Dos veces más, volvió a orar.

Dos veces más, encontró a sus amigos dormidos a su regreso. La última vez les dijo: "Levantaos, vámonos. Mirad, mi traidor está cerca".

¡Era cierto!

Judas, uno de los discípulos de Jesús, lo esperaba fuera del huerto. Judas había compartido la comida del *seder* con Jesús. Pero ahora se había vuelto contra su maestro. Los enemigos de Jesús le habían pagado a Judas treinta monedas de plata. Con Judas estaban los guardias romanos y una multitud de personas con espadas y bastones.

Judas se acercó a Jesús y le dio un beso. Esta era la señal para los guardias. Jesús era el alborotador que buscaban. Con ese beso, Judas traicionó a Jesús. Los guardias agarraron a Jesús, que no se resistió. Lo llevaron ante el sumo sacerdote.

El sumo sacerdote celebró un juicio. El crimen
de Jesús era que afirmaba ser el hijo de Dios.
Durante el juicio, muchas personas de la multitud
mintieron. Dijeron que habían oído a Jesús decir
que destruiría el Templo.

Pedro había seguido a Jesús a una distancia prudencial. Se sentó con algunos sirvientes del sumo sacerdote. Se calentó junto a su fuego. Una sirvienta le dijo a Pedro: "Tú también estabas con Jesús". Ella los había visto juntos antes. Pero Pedro tenía miedo. Negó conocer a Jesús. Como uno de los discípulos de Jesús, él también estaba en peligro. Pedro trataba de pasar desapercibido. Trataba de protegerse.

Luego, dos veces más, otras personas acusaron a Pedro de ser un seguidor de Jesús. Cada vez, Pedro lo negó.

Justo cuando dijo: "No conozco a ese hombre del que hablas", cantó un gallo.

De repente, Pedro recordó las palabras de Jesús, que él negaría ser un discípulo, y lloró.

Había traicionado al hombre que tanto apreciaba.

El juicio terminó.

El sumo sacerdote había declarado a Jesús culpable de afirmar que era el hijo de Dios.

Capítulo 10
Poncio Pilato

El sumo sacerdote
no tenía el poder de
condenar a muerte a
Jesús. Los romanos
eran los gobernantes
del país. Así que
Jesús fue llevado ante
Poncio Pilato. Pilato
era el gobernador
romano de Judea.

A los romanos no les importaba que Jesús fuera
llamado hijo de Dios. Les preocupaba que Jesús
pudiera hacer que sus seguidores se rebelaran
contra ellos.

Jesús fue juzgado de nuevo. Esta vez fue en

un tribunal romano. Los cargos eran diferentes.
Decían que Jesús había intentado que la gente se
amotinara. Que había afirmado que era un rey.

"¿Eres tú el rey de los judíos?", le preguntó
Poncio Pilato. Afirmar ser un rey era peligroso.
Un rey era una amenaza para el poder del Imperio
Romano.

Jesús no lo negó. Pero tampoco dijo que sí.

¿Qué debía hacer Poncio Pilato? Existía la costumbre de liberar a un prisionero en honor a la fiesta de la Pascua. Pilato le preguntó al pueblo si quería que liberara a Jesús. "No", dijeron. En cambio, le pidieron que dejara libre a otro hombre, que era un asesino.

Así que Poncio Pilato sentenció a Jesús a muerte. Lo matarían por crucifixión. Sería colgado en una cruz de madera con clavos en las manos y los pies.

La crucifixión era horrible. Algunas personas tardaban días en morir. Era la forma en que los romanos mataban a los criminales y a los rebeldes. Como las cruces se colocaban en el exterior, la gente podía ver cómo morían. Era una advertencia: esto era lo que ocurría cuando la gente desafiaba a los romanos.

Antes de la crucifixión de Jesús, los soldados romanos lo azotaron y lo vistieron como un rey. Esto no era para rendirle honores. Era para burlarse de él. Le pusieron una corona de espinas en la cabeza. En una de las manos de Jesús le pusieron un bastón. "Salve, rey de los judíos", se burlaron. Lo escupieron. Lo golpearon. Luego lo llevaron a una colina llamada Gólgota.

Jesús fue colgado en una cruz para que muriera. En lo alto de la cruz había un cartel que decía: "Jesús de Nazaret, Rey de los Judíos". Esto también era una burla para Él. Ese día también fueron crucificados dos ladrones, uno a cada lado de Él. Mientras sufría, la gente seguía burlándose de Jesús. Habían oído que podía hacer milagros. "Sálvese usted mismo", le decían.

Todos los Evangelios mencionan que algunas de las seguidoras de Jesús estaban allí en Gólgota. El Evangelio de Juan dice que María, la madre de Jesús, también estaba allí. ¡Qué duro debe haber sido ver a su hijo con tanto dolor!

Aunque era de día, el cielo se oscureció. La oscuridad duró tres horas. Jesús estaba en agonía. Gritó en voz alta: "Dios mío, Dios mío, ¿por qué me has abandonado?".

Dio otro grito y falleció.

Al morir, la tierra tembló. Las piedras se rompieron. Un soldado romano que estaba junto a la cruz sintió el terremoto y gritó: "¡Verdaderamente este hombre era hijo de Dios!".

JESÚS Y OTRAS RELIGIONES

LOS CRISTIANOS VEN A JESÚS COMO EL HIJO DE DIOS. PARA ELLOS, ERA EL MESÍAS O "CRISTO". LOS JUDÍOS NO CREEN QUE JESÚS FUERA EL HIJO DE DIOS, O UN MESÍAS. ELLOS PIENSAN EN ÉL COMO UN MARAVILLOSO MAESTRO. SUS LECCIONES ERAN SIMILARES A LAS DE LOS RABINOS JUDÍOS QUE VIVIERON EN LA MISMA ÉPOCA. ALGUNOS HINDÚES VEN A JESÚS COMO UNA FORMA HUMANA DE SU DIOS VISHNU. PARA LOS MUSULMANES, JESÚS, O "ISSA", FUE UN PROFETA. LOS MUSULMANES RESPETAN A TODOS LOS PROFETAS. PERO JESÚS TIENE UN LUGAR ESPECIAL

VISHNU

PARA ELLOS. ELLOS CREEN QUE LES HABLÓ DE LA VENIDA DE MAHOMA, QUIEN FUNDÓ LA RELIGIÓN DEL ISLAM.

Capítulo 11
Jesús resucita

Después de la muerte de Jesús, un hombre rico llamado José fue a ver a Poncio Pilato. José era un seguidor secreto de Jesús. Le preguntó si podía llevarse el cuerpo de Jesús para enterrarlo. Pilato aceptó.

José envolvió el cuerpo en una tela de lino limpia. Lo puso en una tumba que había sido tallada en la roca. Se colocó una gran piedra frente a la entrada de la tumba para mantener el cuerpo a salvo.

SÍMBOLOS CRISTIANOS

LA VIDA DE JESÚS DIO LUGAR A MUCHOS SÍMBOLOS CRISTIANOS. ENTRE ELLOS:

EL PEZ: EL PEZ SE TORNÓ EN UN SÍMBOLO POR VARIAS RAZONES. ALGUNOS DISCÍPULOS DE JESÚS ERAN PESCADORES, ÉL SE HACÍA LLAMAR PESCADOR DE HOMBRES. JESÚS TAMBIÉN DABA DE COMER PESCADO Y PAN A LAS MULTITUDES.

LA CRUZ: LOS CRISTIANOS CREEN QUE JESÚS MURIÓ PARA QUE LOS PECADOS DE SUS SEGUIDORES, Y DE TODAS LAS PERSONAS, FUERAN PERDONADOS. LA CRUZ ES UN SÍMBOLO DE SU SACRIFICIO.

LAS PALMAS: LAS HOJAS DE PALMA RECUERDAN LA ENTRADA DE JESÚS EN JERUSALÉN LA ÚLTIMA SEMANA DE SU VIDA.

EL CORDERO: JESÚS ES LLAMADO EL CORDERO DE DIOS. DURANTE LOS TIEMPOS BÍBLICOS, LOS CORDEROS SE MATABAN COMO OFRENDA PARA LIMPIAR EL PECADO. AL MORIR EN LA CRUZ, JESÚS MISMO FUE UN SACRIFICIO.

Como seguidores de Jesús, los discípulos estaban en peligro. Muchos de ellos huyeron o se escondieron.

Los romanos no veían a las mujeres como una amenaza. Las seguidoras de Jesús no tuvieron que esconderse como los discípulos. Ellas fueron a su tumba a llorar.

Según el Evangelio de Juan, al tercer día de la muerte de Jesús, María Magdalena visitó la tumba. Era temprano y todavía estaba oscuro. Ella vio que la roca que sellaba el sepulcro había sido rodada.

Conmocionada, María Magdalena salió
corriendo del sepulcro. Encontró a Pedro y a otro
discípulo, ellos no habían huido. "Se han llevado
al Señor del sepulcro", les dijo, "y no sabemos
dónde lo han puesto".

Los discípulos corrieron al sepulcro. Estaba
vacío, tal como había dicho María Magdalena,
solo había una tela de lino.

Cuando se fueron, María Magdalena se quedó

en la tumba, llorando. Volvió a mirar dentro del sepulcro y vio a dos ángeles vestidos de blanco. "Mujer, ¿por qué lloras?", le preguntaron. Ella les dijo que el cuerpo de Jesús había desaparecido.

De repente, un hombre le habló. "¿A quién buscas?", le preguntó. Entonces Él dijo su nombre, y ella supo quién era. Era Jesús. Había resucitado de entre los muertos, tal como había predicho.

María Magdalena les contó a los discípulos lo que había visto. Ellos recordaron las palabras de Él. Recordaron que Jesús había dicho que resucitaría al tercer día después de su muerte.

Aquella noche, en Jerusalén, los discípulos se reunieron para hablar de lo sucedido. Se reunieron en secreto. Cerraron las puertas del edificio porque temían ser descubiertos. No todos creían que María Magdalena hubiera visto a Jesús.

Según el Evangelio de Juan, de repente apareció un hombre entre ellos, aunque las puertas estaban cerradas. No era un soldado que los buscaba. Tampoco era un guardia.

¡Era Jesús, resucitado de entre los muertos!

"La paz sea con vosotros", les dijo. Jesús les mostró las heridas en sus manos y en el costado de su cuerpo.

Uno de los discípulos, Tomás, no estaba allí con los demás. Cuando se enteró de la aparición de Jesús, no lo creyó. "Si no veo la marca de los clavos en sus manos", dijo, "no lo creeré".

Una semana después, los discípulos se reunieron de nuevo. Esta vez, Tomás estaba. Jesús se apareció una vez más y se puso en medio de ellos.

"Pon tu dedo aquí y mira mis manos". Le pedía a Tomás que tocara sus heridas. "No dudes, sino cree".

Ahora también Tomás creyó en el milagro.

En los cuarenta días que siguieron a su muerte, Jesús se apareció ante sus discípulos en distintos momentos y de diferentes maneras. Los consoló y los instruyó. Les dio fe cuando, como Tomás, no estaban seguros de qué creer.

Después de cuarenta días, según los Evangelios, Jesús dejó la tierra para ir al cielo. Pero tenía un último mensaje para sus discípulos. Quería que sus enseñanzas perduraran después de su muerte. Quería que las buenas noticias del reino de Dios se extendieran por todo el mundo. Él dijo: "Vayan, pues, y hagan discípulos de todas las naciones, bautizándolos en el nombre del Padre, y del Hijo y del Espíritu Santo, y enseñándoles a obedecer todo lo que les he mandado. Y recuerden que yo estaré con ustedes siempre, hasta el final de la eternidad".

LA NAVIDAD

JESÚS TIENE EL CUMPLEAÑOS MÁS FAMOSO DE LA HISTORIA. SU NACIMIENTO SE LLAMA TAMBIÉN LA NAVIDAD. SIN EMBARGO, NADIE SABE CON CERTEZA QUÉ DÍA NACIÓ REALMENTE. NINGUNO DE LOS EVANGELIOS DA UNA FECHA. ALREDEDOR DEL AÑO 200 D. C., ALGUNAS PERSONAS COMENZARON A REIVINDICAR EL 25 DE DICIEMBRE COMO EL CUMPLEAÑOS DE JESÚS. HACIA EL 336 D. C., LA IGLESIA CATÓLICA PRIMITIVA ESTUVO DE ACUERDO. EN ESE AÑO Y EN ESE DÍA, SE REGISTRA LA PRIMERA FIESTA DE LA NAVIDAD.

LA PASCUA

LA PASCUA RINDE HOMENAJE A LOS ÚLTIMOS DÍAS DE JESÚS EN LA TIERRA. EL VIERNES SANTO ES EL DÍA DE LA MUERTE DE JESÚS. EL DOMINGO DE PASCUA ES EL DÍA EN QUE RESUCITÓ. PARA LOS CRISTIANOS, LA PASCUA ES ALGO MÁS QUE EL MILAGRO DE JESÚS DE SUPERAR LA MUERTE. SU SACRIFICIO VOLUNTARIO PAGÓ POR LOS PECADOS DE TODAS LAS PERSONAS. CUALQUIERA QUE CREYERA EN ÉL, TANTO EN SU ÉPOCA COMO EN TODOS LOS SIGLOS FUTUROS, SE SALVARÍA. AL MORIR, IRÍA AL CIELO. PARA LOS CRISTIANOS, ESTE ES EL ÚLTIMO MILAGRO DE LA VIDA DE JESÚS.

Capítulo 12
Los primeros cristianos

La muerte de Jesús dejó a sus seguidores sumidos en la confusión. Muchos habían creído que era el Mesías. Ellos pensaban que derrocaría a los romanos y traería el reino de Dios a la tierra, un lugar donde todos eran iguales e importantes. Su muerte, después de haber predicado solo unos tres años, fue un *shock*. ¿Cómo podría liberarlos del dominio romano ahora que se había ido?

Cuando Jesús se apareció a los discípulos después de su muerte, les pidió que compartieran sus enseñanzas. Los discípulos lo hicieron. A partir de entonces, se les llamó "apóstoles" o mensajeros.

Los apóstoles fueron a todas partes para predicar las ideas de Jesús a cualquiera que quisiera escuchar. Mucha gente escuchó y creyó.

Otras personas escucharon pero no les gustó lo que oyeron.

Los romanos persiguieron a los apóstoles. A algunos los metieron en la cárcel. Otros fueron golpeados. Algunos, como Pedro y Santiago, fueron condenados a muerte por difundir el mensaje de Jesús.

Sin embargo, los apóstoles siguieron predicando y enseñando. Recorrieron muchos kilómetros y se pasaron la vida difundiendo la palabra. Los apóstoles originales llegaron hasta la actual Grecia, Turquía, el norte de África y la India. La siguiente generación de seguidores llegó aún más lejos.

Al principio, su mensaje no era visto como una nueva religión. Los seguidores de Jesús todavía se veían a sí mismos como judíos. Adoraban en el Templo y seguían las leyes judías. Sus creencias, sin embargo, eran diferentes en algunos aspectos de las creencias judías. Creían que Jesús era el Mesías o Cristo. Creían que los seguidores de

Jesús podían encontrar la vida eterna en el Cielo.

Este movimiento comenzó a sentirse muy diferente de la religión judía. Sus seguidores ya no podían ser considerados judíos. Se llamaban a sí mismos cristianos, o seguidores de Cristo. Cada vez más gente creía en el mensaje de Jesús. El cristianismo se extendió por todo el mundo occidental. Finalmente, hacia el año 325 d. C., se convirtió incluso en la principal religión del Imperio Romano.

Por fin, mediante el amor y el sacrificio, Jesús había conquistado a los romanos.

PEDRO Y LA IGLESIA

JESÚS TENÍA UN PAPEL ESPECIAL EN MENTE PARA SU DISCÍPULO PEDRO. SEGÚN EL LIBRO DE MATEO, JESÚS LE DIJO: "TÚ ERES PEDRO, Y SOBRE ESTA ROCA EDIFICARÉ MI IGLESIA". JESÚS SABÍA QUE PEDRO ERA SÓLIDO, COMO UNA ROCA. ERA EL HOMBRE ADECUADO PARA FUNDAR UN NUEVO TIPO DE IGLESIA. LAS PALABRAS DE JESÚS ERAN TAMBIÉN UN JUEGO DE PALABRAS. EL NOMBRE DE PEDRO SIGNIFICA "ROCA" EN GRIEGO. CINCUENTA DÍAS DESPUÉS DE LA PASCUA, LOS DISCÍPULOS Y OTROS SEGUIDORES DE JESÚS SE REUNIERON PARA UN BANQUETE. PEDRO LE CONTÓ A LA GENTE LA MUERTE DE JESÚS Y SU RESURRECCIÓN. ESTAS PERSONAS, UNAS TRES MIL, FUERON ENTONCES BAUTIZADAS. MUCHA GENTE CONSIDERA ESTE DÍA, TAMBIÉN CONOCIDO COMO PENTECOSTÉS, COMO EL INICIO DE LA IGLESIA CRISTIANA.

PABLO

LOS DOS LÍDERES MÁS IMPORTANTES DEL PRIMER MOVIMIENTO CRISTIANO FUERON PEDRO Y PABLO. A DIFERENCIA DE PEDRO, PABLO NO ERA UNO DE LOS DISCÍPULOS DE JESÚS. DE HECHO, ESTABA EN CONTRA DE LOS PRIMEROS CRISTIANOS Y TRATÓ DE ACABAR CON EL MOVIMIENTO. ENTONCES, EN SU LUCHA PARA ARRESTAR A ALGUNOS DE LOS SEGUIDORES DE JESÚS, CAMBIÓ. UNA BRILLANTE LUZ DEL CIELO LO CEGÓ. CAYÓ AL SUELO Y ESCUCHÓ UNA VOZ. ERA LA VOZ DE JESÚS. "¿POR QUÉ ME PERSIGUES?", PREGUNTÓ LA VOZ. DURANTE TRES DÍAS, PABLO ESTUVO CIEGO Y NO COMIÓ NI BEBIÓ. CUANDO RECUPERÓ LA VISTA, TAMBIÉN COMENZÓ A ENSEÑAR EL MENSAJE DE JESÚS. PABLO ESCRIBIÓ VARIOS LIBROS EN EL NUEVO TESTAMENTO. VIAJÓ HASTA DIEZ MIL MILLAS PREDICANDO. SE CONVIRTIÓ EN UN IMPORTANTE LÍDER DE LA IGLESIA PRIMITIVA. PABLO FUE CONDENADO A MUERTE POR SUS CREENCIAS, ALREDEDOR DEL AÑO 65 D. C.

CRONOLOGÍA DE LA VIDA DE JESÚS

Según la tradición cristiana, Jesús nació en el año 0 de nuestra era. Esta idea proviene de un monje del siglo VI. Sin embargo, el monje se equivocó. La mayoría de los historiadores creen ahora que Jesús nació entre el 6 y el 4 a. C.

63 A. C.	El Imperio Romano toma el control de Judea
CA. 6-4 A. C.	Nace Jesús
4 A. C.	Muere Herodes
26 D. C.	Poncio Pilato se convierte en gobernador de Jerusalén
CA. 28 D. C.	Jesús es bautizado por Juan el Bautista
CA. 30 D. C.	Muere Jesús
37 D. C.	Poncio Pilato se exilia en la Galia
66-70 D. C.	Rebelión judía contra el dominio romano
70 D. C.	Ocurre la destrucción del Templo
CA. 65-70 D. C.	Se escribe el Evangelio de Marco
CA. 80-90 D. C.	Se escriben los Evangelios de Mateo y Lucas
CA. 90-100 D. C.	Se escribe el Evangelio de Juan

CRONOLOGÍA DEL MUNDO

El general romano Julio César invade la Galia — **58 A. C.**

Cleopatra se convierte en reina de Egipto — **51 A. C.**

Se inventan en China los fuelles de agua y los hornos de fundición — **CA. 30 D. C.**

Los romanos fundan Londinium, la actual Londres — **CA. 50 D. C.**

Los incendios destruyen la mitad de Roma; el emperador romano Nerón culpa a los cristianos — **64 D. C.**

Comienza la construcción del Coliseo en Roma — **70 D. C.**

La ciudad de Pompeya queda destruida tras la erupción del Vesubio — **79 D. C.**

Se inventa el papel en China — **CA. 100 D. C.**

La tribu ancestral Pueblo se establece en el norte de Arizona, Nuevo México, sur de Utah y Colorado

Se completan los primeros templos mayas en América Central — **CA. 200**

Bibliografía

* Adams, Simon. **The Story of World Religions**.
New York: Rosen Publishing Group, 2012.

Aslan, Reza. **Zealot: The Life and Times of Jesus of Nazareth**. New York: Random House, 2013.

Bloom, Harold. **Jesus and Yahweh: The Names Divine**.
New York: Riverhead Books, 2005.

* Corona, Laurel. **Religions of the World: Judaism**.
5San Diego: Lucent Books, 2003.

* Harik, Ramsay M. **Jesus of Nazareth: Teacher and Prophet**. New York: Franklin Watts, 2001.

Holy Bible: The HarperCollins Study Bible, New Revised Standard Version. New York: HarperCollins, 2006.

* Schippe, Cullen and Chuck Stetson, ed. **The Bible and Its Influence**. New York: BLP Publishing, 2006.

* Whitbread, Henry. **Lives of the Great Spiritual Leaders**.
London: Thames & Hudson, 2011.

* Libros para jóvenes lectores